L'HUMAIN IMPOSSIBLE

Abhijit Naskar est un célèbre neuroscientifique, auteur de plus de 100 livres, poète mondial de plus de 1500 sonnets (en anglais) et défenseur infatigable de la santé mentale et de l'harmonie mondiale. Avec son vaste corpus de littérature humanitaire, il est le summum de la science et de la poésie humanitaires mondiales et l'incarnation vivante du multiculturalisme.

L'humain Impossible

Cent Sonnets pour
Ma Famille Mondiale

ABHIJIT
NASKAR

Autres œuvres d'Abhijit Naskar (anglais)

The Art of Neuroscience in Everything
Your Own Neuron: A Tour of Your Psychic Brain
The God Parasite: Revelation of Neuroscience
The Spirituality Engine
Love Sutra: The Neuroscientific Manual of Love
Homo: A Brief History of Consciousness
Neurosutra: The Abhijit Naskar Collection
Autobiography of God: Biopsy of A Cognitive Reality
Biopsy of Religions: Neuroanalysis towards Universal
Tolerance
Prescription: Treating India's Soul
What is Mind?
In Search of Divinity: Journey to The Kingdom of Conscience
Love, God & Neurons: Memoir of a scientist who found
himself by getting lost
The Islamophobic Civilization: Voyage of Acceptance
Neurons of Jesus: Mind of A Teacher, Spouse & Thinker
Neurons, Oxygen & Nanak
The Education Decree
Principia Humanitas
The Krishna Cancer
Rowdy Buddha: The First Sapiens
We Are All Black: A Treatise on Racism
The Bengal Tigress: A Treatise on Gender Equality
Either Civilized or Phobic: A Treatise on Homosexuality
Wise Mating: A Treatise on Monogamy
Illusion of Religion: A Treatise on Religious Fundamentalism
The Film Testament
Human Making is Our Mission: A Treatise on Parenting
I Am The Thread: My Mission
7 Billion Gods: Humans Above All
Lord is My Sheep: Gospel of Human
Morality Absolute
A Push in Perception
Let The Poor Be Your God
Conscience over Nonsense
Saint of The Sapiens
Time to Save Medicine
Fabric of Humanity

Build Bridges not Walls: In the name of Americana
The Constitution of The United Peoples of Earth
Lives to Serve Before I Sleep
When Humans Unite: Making A World Without Borders
All For Acceptance
Monk Meets World
Mission Reality
Citizens of Peace: Beyond The Savagery of Sovereignty
Operation Justice: To Make A Society That Needs No Law
See No Gender
The Gospel of Technology
Every Generation Needs Caretakers: The Gospel of Patriotism
Aşkanjali: The Sufi Sermon
Mad About Humans: World Maker's Almanac
Revolution Indomable
When Call The People: My World My Responsibility
No Foreigner Only Family
Hurricane Humans: Give me accountability, I'll give you
peace
Ain't Enough to Look Human
Servitude is Sanctitude
Time To End Democracy: The Meritocratic Manifesto
I Vicdansaadet Speaking: No Rest Till The World is Lifted
Boldly Comes Justice: Sentient not Silent
Good Scientist: When Science and Service Combine
Sleepless for Society
Neden Türk: The Gospel of Secularism
Martyr Meets World: To Solve The Hard Problem of
Inhumanity
The Shape of A Human: Our America Their America
When Veins Ignite: Either Integration or Degradation
Heart Force One: Need No Gun to Defend Society
Solo Standing on Guard: Life Before Law
Generation Corazon: Nationalism is Terrorism
Mucize Insan: When The World is Family
Hometown Human: To Live For Soil and Society
Girl Over God: The Novel (Abi Naskar Adventures Book 1)
Gente Mente Adelante: Prejudice Conquered is World
Conquered
Earthquakin' Egalitarian: I Die Everyday So Your Children
Can Live
Giants in Jeans: 100 Sonnets of United Earth
Vatican Virus: The Forbidden Fiction (Abi Naskar Adventures
Book 2)

Karadeniz Chronicle: The Novel (Abi Naskar Adventures Book 3)
Şehit Sevda Society: Even in Death I Shall Live
Handcrafted Humanity: 100 Sonnets For A Blunderful World
Mücadele Muhabbet: Gospel of An Unarmed Soldier
Making Britain Civilized: How to Gain Readmission to The Human Race
Dervish Advaitam: Gospel of Sacred Feminines and Holy Fathers
Honor He Wrote: 100 Sonnets For Humans Not Vegetables
The Gentalist: There's No Social Work, Only Family Work
Either Reformist or Terrorist: If You Are Terror I Am Your Grandfather
Woman Over World: The Novel (Abi Naskar Adventures Book 4)
High Voltage Habib: Gospel of Undoctrination
Bulldozer on Duty
Find A Cause Outside Yourself: Sermon of Sustainability
Ingan Impossible: Handbook of Hatebusting
Amor Apocalypse: Canım Sana İhtiyacım
Amantes Assemble: 100 Sonnets of Servant Sultans
Mucize Misafir Merhaba: The Peace Testament
Divane Dynamite: Only truth in the cosmos is love
Sin Dios Sí Hay Divinidad: The Pastor Who Never Was
Corazon Calamidad: Obedient to None, Oppressive to None
Esperanza Impossible: 100 Sonnets of Ethics, Engineering & Existence
Mukemmel Musalman: Kafir Biraz, Peygamber Biraz
Himalayan Sonneteer: 100 Sonnets of Unsubmission
Yarasistan: My Wounds, My Crown
The Centurion Sermon: Mental Por El Mundo
Her Insan Ailem: Everyone is Family, Everywhere is Home
Humankind, My Valentine: World's First Anthology of 1000 Sonnets
Aşk Mafia: Armor of The World
Vande Vasudhaivam: 100 Sonnets for Our Planetary Pueblo
Visvavictor: Kanima Akiyor Kainat
Sapionova: 200 Limericks for Students
Rowdy Scientist: Handbook of Humanitarian Science
Insan Himalayanoğlu: It's Time to Defect
Tum Dunya Tek Millet: Greatest Country on Earth is Earth
Either Right or Human: 300 Limericks of Inclusion
Yaralardan Yangın Doğar: Explorers of Night are Emperors of Dawn

Bulletproof Backbone: Injustice Not Allowed on My Watch
Poesía Humanitaria: Cien Sonetos Para Mi Familia Mundial
(Spanish)
Iman Insaniyat, Mazhab Muhabbat: Pani, Agua, Water, It's All
One
Visvavatan: 100 Demilitarization Sonnets
Meine Welt, Meine Verantwortung: Hundert Sonette für
Meine Weltfamilie (German)
Dervis Vadisi: 100 Promissory Sonnets
Yüz Şiirlerin Yüzüğü (Ring of 100 Poems, Bilingual Edition):
100 Turkish Poems with Translations

DÉDICACE

Aux nouveaux humains du Canada.

Table des Matières

Avant-propos de Ronald Cicurel

Abi Naskar, l'homme de science, le penseur, nous parle ici en tant que poète sensible et profond. On apprend plus sur l'homme et la vie en lisant ces cent sonnets qu'en étudiant cent livres de psychologie et de science.

Dans chacun de ces sonnets, Abi Naskar met précisément le doigt sur ce qui fait de nous des êtres humains. Sans détour, il démonte nos illusions, dénonce nos faux semblants, ridiculise nos hypocrisies.

Dans un monde noyé sous des informations trompeuses, glorifiant l'ignorance, l'arrogance et l'apparence, la lecture de Naskar possède des vertus salvatrice et libératrice. Elle nous aide à redécouvrir en toute simplicité qui nous sommes, à surmonter nos conditionnements et à émanciper notre énergie créatrice. Elle nous rend cette humanité dont nos sociétés gouvernées par des idéologies cherchent à nous priver.

Naskar nous parle d'amour, de compassion, de liberté. Il dénonce la cupidité et le matérialisme absurde. Il dénonce la violence, l'asservissement et la guerre. Il nous explique l'humilité et la gratitude qui apportent la raison. Il nous enseigne la nature de l'intellect quand le cœur est absent. L'intelligence devient alors plus une arme de guerre qu'un chemin vers l'accomplissement.

Il nous offre tout cela en des termes simples et généreux. Le lire est plus qu'une satisfaction, c'est une véritable élévation de l'âme dont le monde a plus que jamais besoin aujourd'hui.

*- **Ronald Cicurel**, June 16, 2024*

1. Sonnet 1

1.

Il n'y a pas de théorie de tout,
car tout est théorie.
Il n'y a pas de perception de la réalité,
tout est perception, rien n'est réalité.

Ce que vous percevez devient votre réalité,
Ce que vous croyez devient votre réalité.
Le cerveau tisse son propre tissu de vérité,
Réveillez-vous et tissez une véritable unité !

Les faits sont un état de la matière,
La vérité est un état d'esprit.
Lorsque la haine est un fait global,
seul l'Amour apporte la vérité et la lumière.

L'amour supporte toutes les difficultés,
L'amour défie toute commodité.
Il faut être extrêmement irrationnel,
Pour poursuivre son rêve sans se plier.

2. Sonnet 2 - 4

2.

La blessure apporte l'élixir,
La nuit apporte la lumière.
La tempête offre de la bravoure,
Les nuages donnent du caractère.

Vous êtes le nouveau prophète
du monde, en cette période difficile.
Réveillez-vous et criez au monde,
Mon monde, ma responsabilité !

Tout humain qui aime un humain est apôtre,
Tout humain qui aide un humain est roi.
Les animaux peuvent aspirer à un luxe égoïste,
je suis un roi serviteur - quant à moi.

La vie vécue pour soi est une marchandise,
La vie vécue pour les autres est un cadeau.
Le temps passé sur soi est un produit,
Le temps consacré aux autres est présent.

3.

Le monde est ma vie,
ma vie est le monde.
Le monde est amour,
l'amour est le monde.

Je suis l'amour,
l'amour c'est moi.
Je suis le monde,
le monde c'est moi.

L'humain est l'antithèse de la vengeance,
L'humanité est l'antithèse de l'armement.
Cela n'a rien à voir avec le fait d'être non-violent,
mais tout à voir avec un comportement humain.

Ta blessure est ma blessure,
Votre déchirement est mon déchirement.
Les singes apathiques aiment verser du sel,
Aux blessures du monde, je suis un pansement.

4.

Tu as demandé, quelle est ma nationalité?
Je dis, ma nationalité est l'humanité.
Tu as demandé, quelle langue je parle?
Je parle le langage de la bonté.

Tu as demandé, quelle est ma culture?
Je dis, ma culture est l'inclusivité.
Tu as demandé, quelle est ma tradition?
Je dis, ma tradition est l'humilité.

Tu as demandé, qu'est-ce que je crois?
L'intégration est la plus grande croyance.
Tu as demandé, quelle est ma religion?
L'unité est ma religion, l'amour, ma croyance.

J'existe quand tu existes,
Dans l'inclusion réside mon identité.
Je suis le monde, le monde c'est moi,
Je suis le reflet de l'humanité.

3. Sonnet 5 - 7

5.

Ramadan Sonnet

Le jeûne et les festins deviennent
un chœur futile si la vie
est éloignée de la vie.
La célébration du Ramadan est
la célébration du rahmat*,
le Ramadan sans la *compassion
est le Ramadan sans vie.

Le Ramadan n'est pas une fête
musulmane, c'est une fête humaine.
Le Ramadan est un rappel
pour raviver notre lumière,
Le Ramadan met fin à tous
les sentiments peu charitables.

Le plus grand iftar est
de rompre le jeûne de l'apathie,
avec la fête de l'affection.
Pour celui qui vit avec bonté,
chaque jour est le Ramadan.

6.

Sonnet de Palestine

Je ne veux pas faire la guerre,
tout ce que je veux c'est élever une famille.
Je ne veux pas de ta vaine pitié,
tout ce que je cherche c'est un peu d'humanité.

Qualifier le génocide de légitime défense
n'est qu'un cliché diplomatique.
Tuer des innocents pour garder le contrôle
est un acte d'hypocrisie terroriste.

Les intermédiaires peuvent instaurer un cessez-le-feu,
mais ils ne pourront jamais nous apporter la liberté.
Ils ne font qu'organiser des assemblées,
pendant que nous souffrons tout au long du siècle.

Alors je vous le dis, ô gens du luxe:
Regardez-nous dans les yeux,
vous réaliserez peut-être votre erreur.

7.

Les cicatrices ne sont pas des marques de culpabilité,
Les cicatrices sont une marque de bravoure.
Les cicatrices sont une preuve de résilience,
Les cicatrices témoignent du courage.

Les cicatrices sont la preuve que vous avez persévéré,
Les cicatrices sont la preuve que vous n'avez jamais cédé.
Les produits sont fabriqués sans cicatrices,
Les gens sont façonnés par les cicatrices et la souffrance.

La souffrance n'est pas un échec de la vie,
La souffrance est un signe de vie.
Les vivants souffriront d'une manière ou d'une autre,
Alors choisissez la raison, consciente et sage.

4. Sonnet 8 - 10

8.

La rigidité alimente la contraction,
La contraction alimente la discrimination.
La rigidité facilite les préjugés,
Les préjugés facilitent la fragmentation.

La cupidité alimente l'inflation,
L'inflation entretient
encore davantage la cupidité.
La cupidité alimente les disparités,
Les disparités alimentent
encore plus la cupidité.

Ce n'est qu'en traitant la cupidité
que nous pourrons instaurer
une justice économique durable.
Ce n'est qu'en traitant l'indifférence
que nous pourrons instaurer
une justice sociale durable.

Ce n'est qu'en traitant les préjugés
que nous pourrons éliminer l'intolérance.
Ce n'est qu'en traitant l'apathie
que nous pourrons éliminer la discrimination.

9.

Toute planète qui confond armes à feu et
bravoure est une planète de singes.
En donnant la priorité à l'armée plutôt
qu'à l'éducation, nous ne faisons
que construire un monde de terroristes.

L'armée n'est qu'un terrorisme légal,
Pour comprendre cela, il faut être humain.
Que savent les singes de la paix et de l'amour,
quand les armes sont leur emblème de patriotisme !

Nous n'avons pas besoin de désarmement civil,
Nous avons besoin d'un désarmement universel absolu.
Seule une interdiction mondiale de la production d'armes
à feu peut faciliter un paradigme de coexistence pacifique.

A quoi ça sert un cessez-le-feu !
Mettons un terme à toute guerre !
Dissolvons toutes les forces militaires
et siphonnons ces fonds vers le logement,
l'éducation et la santé.

10.

Le contraire de la guerre n'est
pas la paix, c'est le désintéressement.
Le contraire de l'intolérance n'est
pas la tolérance, c'est l'acceptation.

Intégrés nous nous élevons,
séparés nous nous désintégrons.
La paix n'est pas la fin de la guerre,
la paix est la fin des distances.

Aucun acte n'est plus civilisé
que l'acte d'unification.
Là où il y a l'unification,
il y a la civilisation.

La justice n'est pas l'absence d'injustice,
c'est l'absence d'indifférence humaine.
Aucune société ne naît humaine,
la société doit devenir humaine.

5. Sonnet 11 - 13

11.

Je suis fou, pas indifférent
(Le Sonnet)

Je suis fou,
mais pas indifférent.
Je suis peut-être ignorant,
mais pas intolérant.

Je suis libre,
mais pas irresponsable.
Je ne connais pas l'étiquette,
mais je ne suis pas insensible.

Je suis un guerrier,
pas un érudit.
Je connais juste l'amour,
pas la philosophie.

Aimez chacun et aimez, car l'amour
est le langage de l'humanité.
Réveillez-vous, levez-vous et annoncez:
Mon monde, ma responsabilité !

12.

Où est l'El Dorado ?
Ce n'est pas une ville mais une intention.
Où est le royaume des cieux ?
Ce n'est pas un lieu mais de la compassion.

La joie ne se trouve pas sur le marché,
La joie se trouve dans les actes de bonté.
La santé ne passe pas par les gadgets,
La santé émerge dans la simplicité.

Les animaux puisent leur courage à la banque,
Le courage humain vient de la conviction.
Les animaux confondent luxe et progrès,
La collectivité est le fondement de la civilisation.

Moins de besoins, meilleure est la vie.
Plus douce l'âme, plus vivante la vie.

13.

L'acceptation engendre l'harmonie,
Le raisonnement engendre la solution.
La solidarité vainc les souffrances,
Le caractère conquiert la différenciation.

L'humilité apporte la raison,
Le pardon apporte la sérénité.
La patience engendre la ténacité,
La conscience engendre la sainteté.

Les questions nous font évoluer,
L'observation apporte la compréhension.
L'autocorrection facilite la puissance,
La conscience de soi facilite l'ascension.

Réveille-toi, ô cœur courageux,
Soyez la réponse au fanatisme,
Ce n'est qu'alors que le monde
sera libéré du sectarisme.

6\. Sonnet 14 - 16

14.

Sonnet des Fêtes

Noël n'est pas une question de décorations,
c'est une question de compassion.
Hanoukka ne concerne pas les
sufganiyot, mais l'assimilation.

Le Ramadan n'est pas une question de repas,
c'est une question d'affection.
Diwali ne concerne pas les lumières,
mais l'ascension.

Le monde regorge de cérémonies et de traditions,
Quelle est la signification de ces festivals ?
La célébration enchaînée à l'exclusivité
culturelle est en réalité la marque de l'animal.

Le bonheur n'a pas d'identité religieuse,
Chaque fête appartient à toute l'humanité.
La célébration d'un est la célébration de tous,
La sainteté commence à la fin de l'animosité.

15.

Je ne connais pas le sens du socialisme,
mais le progrès sans société est une folie.
Je ne connais pas le sens du capitalisme,
mais le luxe produit des disparités.

Je ne connais pas le sens de woke,
mais la vie est incomplète sans communauté.
Je ne connais pas le sens de la philosophie,
mais l'intellect ne sert à rien sans l'amitié.

Je n'ai pas besoin de plus de vêtements et
de gadgets, les essentiels de la vie me suffisent.
Je n'ai pas besoin de vacances sur Mars, élever
l'humanité sur terre me suffit.

L'innovation et l'intellect ne servent
à rien si jamais notre cœur est froid.
Nous devons d'abord dire à l'apathie
et à l'indifférence – au revoir !

16.

Des Livres, pas Des Bombes
(Le Sonnet)

Les bombes tuent les terroristes,
Les livres tuent le terrorisme.
Les missiles tuent les extrémistes,
La pleine conscience tue l'extrémisme.

Les balles tuent les fanatiques,
La bonté tue l'intolérance.
La loi enchaîne les gens violents,
L'amour réforme la violence.

Le Sarin ne paralyse que les méchants,
Le service guérit la méchanceté.
C4 ne fait que retarder les préjugés,
La curiosité guérit les préjugés.

La violence ne peut plus être une révolution.
La gentillesse est le remède à toute dégradation.

7. Sonnet 17 - 19

17.

Nation ne veut pas dire terre,
Nation ne veut pas dire frontière.
Nation signifie sensibilité et raison,
C'est la volonté de traiter le désordre.

Nation ne veut pas dire habitude,
Nation ne veut pas dire tradition.
Nation signifie égalité et acceptation,
Cela signifie la volonté d'assimilation.

Nation ne veut pas dire loi,
Nation ne veut pas dire politique.
Nation signifie une véritable bonté,
un véritable sens du devoir civique.

Au nom de la nation, ne vous
comportez pas de manière tribale.
Une nation sans étroitesse est
une terre universelle.

18.

Sonnet de la Culture

Notre culture, leur culture -
Assez de ces absurdités primitives !
Le tribalisme convient à nos ancêtres,
il ne convient pas aux êtres civilisés.

Ma nation est la plus grande
de toutes les nations sur terre.
Ce n'est pas un comportement
civilisé, mais un signe de stupidité.

Notre monde est notre décision :
jungle sauvage ou société civilisée.
Comme nous choisissons, nous récoltons,
Réveillez-vous au cœur et à l'humanité !

19.

Sonnet de la Réalité Chimique

L'univers est notre reflet,
Nous sommes le reflet de l'univers.
Le monde est le reflet de l'esprit,
Ce qui est à l'intérieur est aussi à l'extérieur.

Il n'y a pas de réalité sans contrôle humain,
La réalité hors de notre contrôle est l'imagination.
La réalité est une construction chimique,
Notre réalité est notre décision.

L'esprit est plus puissant que le muscle,
La gentillesse est plus courageuse que la cruauté.
Toute réforme est née de produits chimiques mentaux,
Réformez-vous et il y aura l'universalité.

La vérité au-delà de la perception
est une vaine spéculation.
Concentrons-nous sur la vie
et améliorons la humaine condition.

8. Sonnet 20 - 22

20.

Là où finit la nation,
là commence le monde.
Là où le soi s'efface,
là commence la communauté.

Là où le luxe se flétrit,
là commence l'égalité.
Là où les préjugés diminuent,
là commence la vérité.

Là où meurt l'orgueil,
là commence la croissance.
Là où finit la rigidité,
là commence la vie.

La distance conquise
est la division conquise.
Les préjugés vaincus
sont le monde conquis.

21.

Chant de la Nouvelle-France

La Nouvelle-France est un art d'amour,
pas une tache de haine et d'ignorance.
La Nouvelle-France est une terre de
promesses, pas une terre d'indifférence.

La Nouvelle-France est une France
meilleure, on n'a plus soif de sang.
Nous travaillons ensemble sans division,
pour faire partie intégrante du monde.

Le Hijab, l'habit, le turban, tous égaux -
Ce qui est inacceptable, c'est l'intolérance.
Les mesures primitives sont inutiles,
Le caractère triomphe en Nouvelle-France.

La Nouvelle-France est un art d'aimer,
hors de portée des singes haineux.
La Nouvelle-France est célébration de la vie,
pas une validation de préjugés ruineux.

Remarque : Puisque le Canada est techniquement une extension de la France, ce sonnet s'applique également au Canada.

Hymne du Nouveau Canada

Le Nouveau-Canada est un art d'amour,
pas une tache de haine et d'ignorance.
Le Nouveau Canada est une terre de
promesses et non une terre d'indifférence.

Le Nouveau Canada est un Canada meilleur,
Notre vrai Nord est l'amour.
Nous travaillons ensemble sans division,
pour faire partie intégrante du monde.

Le Hijab, l'habit, le turban, tous égaux -
Ce qui est inacceptable, c'est l'intolérance.
Le caractère triomphe au Nouveau-Canada,
Les traditions primitives sont insignifiantes.

Le Nouveau-Canada est un art d'aimer,
hors de portée des singes haineux.
Le Nouveau-Canada est célébration de la vie,
pas une validation de préjugés ruineux.

22.

Je ne suis pas un professeur mais un amoureux,
Je ne connais pas de philosophie mais l'amitié.
Je ne suis pas un écrivain mais une révolution,
Je ne connais pas de politique mais la sérénité.

Je ne suis pas un penseur mais un soldat,
Je ne connais aucune science à part l'ascension.
Je ne connais d'autre autorité que le service,
Je ne connais pas de poésie mais l'inclusion.

Je ne suis pas un humaniste mais un humain,
Je ne connais pas d'idéologie mais l'unité.
Je ne suis pas un activiste, juste responsable,
Il n'y a pas de paradis sauf l'humanité.

9. Sonnet 23 - 25

23.

La technologie n'est ni bonne ni mauvaise,
car elle ne connaît ni éthique ni principes.
La directive première de tous les gadgets
est d'obéir à l'algorithme sans scrupules.

Le problème n'est pas la technologie,
ni la tendance capitaliste.
La vraie maladie est l'insouciance humaine,
qui sévit dans la société moderne.

Votre téléphone ne ruine pas votre paix,
vous la ruinez vous-même.
Une société inconsciente de la modération,
provoque avec le temps sa propre chute.

Le pouvoir n'est le pouvoir que
lorsqu'il est utilisé avec prudence,
Tout pouvoir est un poison
s'il est utilisé de manière imprudente.

24.

Que peuvent faire les politiciens,
à moins que le peuple ne le permette !
Que peut faire le gouvernement,
à moins que le peuple ne le permette !

Les gens sont la source de la corruption,
pas la politique et la bureaucratie.
Les politiciens corrompus en sont le symptôme,
la vraie maladie est la démocratie populiste.

La politique est civilisée
lorsque les gens sont civilisés.
Dénoncer le blâme et
assumer ses responsabilités,

Notre indifférence alimente
toutes les histrioniques politiques.
En construisant notre caractère,
nous dépasserons toute politique.

25.

J'aime, donc j'existe -
La pensée ne crée pas de sapiens.
Même un animal peut penser à la survie,
Un tel égoïsme n'est pas l'existence.

L'expansion rend l'humain,
La vie est renforcée par l'inclusion.
La diversité embellit la société,
Il n'y a pas de place pour la division.

La raison réside dans le altruisme,
L'égoïsme est de l'inhumanité.
Quand le monde entier devient une seule
famille, c'est la véritable communauté.

10. Sonnet 26 - 28

26.

Je n'ai aucun problème avec le capitalisme,
mais avec le capitalisme sans société.
Je n'ai aucun problème avec l'innovation,
mais avec l'innovation sans responsabilité.

Je n'ai aucun problème avec la religion,
mais avec la religion basée sur l'intolérance.
Je n'ai aucun problème avec l'intellect,
mais avec l'intellect sans décence.

Je n'ai aucun problème avec le progrès,
mais avec le progrès basé sur la disparité.
Je n'ai aucun problème avec la politique,
mais avec une politique sans bon sens.

Aucune entreprise humaine n'est mauvaise en soi.
Le mal commence quand on oublie,
il n'y a pas de progrès dans l'égoisme.

27.

Je n'ai besoin ni de trône ni de royaume,
Les cœurs humains sont ma demeure céleste.
La raison est mon amie, la bonté ma racine,
Je n'ai besoin ni d'insigne ni de sceptre.

Je n'ai besoin d'aucune louange ni offrande,
Une vie de service est mon paradis.
Je n'ai besoin d'aucune récompense,
Le sacrifice est au-delà de tout prix.

Je ne connais aucune étiquette ni manières,
Ce sont des constructions de superficialité.
L'humanité devrait diriger le comportement,
L'étroitesse est détruite par l'humilité.

Forger la plénitude et
la raison est notre mission.
En mettant fin à toute fausseté,
réveillons-nous à l'intégration.

28.

Je n'attends rien du monde,
Je ne veux pas impressionner la société.
Je ne fais que mon devoir humain,
Je ne me soucie que du bien-être de la société.

Je n'ai aucune loyauté envers l'idéologie,
Je n'ai aucune loyauté politique.
Le monde a assez de conflits comme ça,
mettons fin à toute cette inhumanité.

L'expansion est l'autre nom de la vie,
Sans expansion, nous sommes déjà morts.
Le monde se retrouvera sans humanité,
si nous ne sommes pas disposés à évoluer.

11. Sonnet 29 - 31

29.

Ni le Christ, ni Krishna, ni Superman -
Aucune imagination ne peut sauver l'humanité.
Nous sommes la ligne d'assistance les uns aux autres,
Le salut humain est notre responsabilité.

Assez avec ces rituels d'apathie, maintenant
réveillez-vous du sommeil de l'assujettissement.
En tant que héros chargés de raison et de conscience,
nous devons nous lever pour briser toute soumission.

Le progrès exige une vie de révolution,
L'esclavage auto-infligé ne sert à rien.
Plus vous cherchez un sauveur dehors,
Plus vous vous transformez en gelée sans épines.

Ni le Christ, ni Krishna, ni Superman -
Aucune imagination ne peut sauver l'humanité.
Nous sommes la ligne d'assistance mondiale,
Nous sommes l'antidote à l'inhumanité.

30.

Réveillez-vous et adoptez un quartier,
Leurs problèmes sont nos problèmes.
C'est le seul chemin vers la vie,
L'espoir de la société, c'est vous seul.

Charité, sécurité et paix mondiale :
tout cela n'est qu'une théorie cosmétique.
Quand vous apprendrez à vivre comme des humains,
vous verrez leurs véritables bêtises.

Lorsque nos voix se combinent,
tout bruit devient une mélodie du ciel.
La joie est cent fois amplifiée lorsque
nous nous perdons dans le service.

La diversité, le progrès,
tout viendra naturellement,
lorsque nous trouverons dans
notre cœur une place pour le monde.

31.

Le Sonnet Personnel

Si vous voulez être entendu,
vous devez apprendre à écouter.
Si vous voulez la confiance,
vous devez apprendre à faire confiance.

Si vous voulez grandir,
vous devez d'abord évoluer.
Si vous voulez être heureux,
perdez-vous dans les autres.

Si tu veux sourire,
tu dois apprendre à donner.
Si vous voulez diriger,
aidez les autres à vivre.

La loi de la jungle est
celle de l'auto-préservation.
L'ascension collective
est la loi de la civilisation.

12. Sonnet 32 - 34

32.

L'égalité, l'harmonie, la diversité,
ce n'est pas quelque chose auquel vous croyez.
L'eau, l'air et la nourriture,
ce n'est pas quelque chose auquel vous croyez.

Les principes fondamentaux de la vie humaine
dépassent la mesquinerie de l'opinion.
L'argumentation a peut-être sa place,
mais il faut distinguer les faits de la fiction.

Les esprits sont nombreux, les croyances aussi,
Mais aucune croyance n'est supérieure à l'humanité.
Nous sommes tous stupides, certains moins, d'autres plus,
Les gens doivent être notre priorité, pas la rigidité.

La croyance est secondaire,
le comportement est principal.
Laissant de côté l'illusion de la vérité,
réveillons-nous du sommeil animal.

33.

Les intellectuels disent souvent :
seule la Vérité triomphe.
Je suis juste un humain, pas un intellectuel,
alors je dis que l'amour seul triomphe.

La vérité nécessite un peu d'intellect,
L'enquête requiert un certain cynisme.
L'amour ne nécessite aucun intellect,
L'amour illumine le monde avec altruisme.

Gardez votre intellect si vous le désirez,
Explorez davantage l'arc de la vérité.
Mais toutes ces découvertes ne veulent rien dire,
si elles ne font qu'amplifier les inégalités.

Mieux vaut être un amant fou
qu'un découvreur sans cœur.
Soyez un humain vivant,
pas un ordinateur sans cœur.

34.

Si vous voulez élever votre esprit,
élevez les autres.
Si vous voulez vous aider,
aidez les autres.

Si vous voulez découvrir la joie,
apportez de la joie aux autres.
Si vous voulez trouver le bonheur,
perdez-vous dans l'altruisme.

Devenez complètement fou,
pour le bien-être des autres.
Le seul royaume des cieux est
dans le sourire des autres.

13. Sonnet 35 - 37

35.

Je suis GORA (Le Sonnet)

Soeurs et frères, bonjour, je suis GORA -
Guerrier, Observateur, Réformateur, Amoureux !
Ainsi parle l'humain pratiquant l'humanité -
Défiant toute agonie, avancez debout !

Pour ceux qui sont impuissants et discriminés,
je ne suis qu'un humble serviteur anonyme.
Relever ceux qui sont tombés et les rendre
autonomes est le but de ma vie.

Méfiez-vous des colporteurs de haine et d'intolérance,
Mettez la main sur vos préjugés et votre hystérie !
L'esprit du réformateur apporte la lumière -
Quand je suis en colère, je vis l'apocalypse !

Chaque être consciencieux est la réforme incarnée.
Ne cessez jamais votre lutte contre l'inhumanité.

36.

Joie de Conscience (Le Sonnet)

La conscience apporte de la joie,
elle apporte du soulagement.
C'est une autre sorte de joie,
sanctifiée par des accès de chagrin.

La conscience engendre le contenu,
au-delà de toute excitation matérielle.
Grâce à une modération consciencieuse,
nous surmontons l'obsession superficielle.

Les matériaux sont nécessaires à la subsistance,
au-delà de ce point, ils deviennent un poison.
Encombrant l'esprit de déchets toxiques,
il sépare l'humain de l'humain.

La conscience apporte la joie,
non contaminée par une fête égoïste.
Entourée de compromis rituels,
la conscience apporte la liberté civilisée.

37.

La police n'est pas un métier,
mais une promesse de protection.
Tant que vous portez l'insigne, vous
devez renoncer à votre propre conservation.

La fine ligne bleue de service n'est
pas destinée aux narcissiques égoïstes.
Quand votre seule préoccupation est
la société, alors seulement vous pourrez
faire respecter la justice.

Vous ne devez pas devenir les marionnettes de
la politique, ni de la brutalité bureaucratique.
Votre allégeance est uniquement envers le peuple,
son bien-être sauvera votre humanité.

Dans la mer de l'égoïsme,
sois la goutte de l'altruisme.
En prenant soin des gens,
vous devenez un véritable policier.

14. Sonnet 38 - 40

38.

Peu importe votre richesse, tout votre
argent ne pourra pas sauver votre enfant.
À mesure que notre climat se détériore, tout
le monde en souffrira de la même manière.

L'industrie nous a apporté richesse et progrès,
mais au détriment du bien-être de notre planète.
Nos ancêtres ne pouvaient pas comprendre leur erreur,
mais nous ne pouvons pas commettre la même erreur.

Voulez-vous résoudre le réchauffement climatique !
Abandonnez la voiture et faites du vélo.
Une fois que la planète commencera à se guérir,
l'humanité sera éradiquée comme des germes.

Si vous n'agissez pas maintenant
contre le changement climatique,
toute votre richesse ne couvrira
pas les frais médicaux de vos enfants.

Note: Une espèce suffisamment capable de
provoquer le changement climatique est également
capable d'arrêter le changement climatique, mais
seulement si nous réalisons nos erreurs à temps – et
ce moment est venu, car plus tard, il sera trop tard.

39.

Que font les rivières -
donnent de l'eau pour notre soif.
Que font les arbres -
donnent de l'air à nos poumons.

Que font les animaux -
donnent de la nourriture pour notre ventre.
Que font les fleurs -
parfument notre corps.

Après avoir tout pris
à chaque membre de la nature,
que faisons-nous, idiots pompeux :
nous détruisons tout l'ordre naturel.

Il est grand temps de nous ressaisir.
La nature n'a pas besoin de nous,
mais nous avons besoin d'elle.

40.

Il existe deux types de libertés :
l'une est sauvage et l'autre est civilisée.
La liberté sauvage manque de responsabilité,
la liberté civilisée nous enseigne l'humanité.

Dans la jungle, la liberté est la loi suprême,
mais elle n'implique aucune responsabilité.
L'injustice est donc la norme dans la vie sauvage,
mais elle ne peut être acceptée dans la société.

La responsabilité est la ligne de contrôle
qui distingue l'humain de l'animal.
Vous n'avez pas besoin d'intellect pour tracer
la ligne, vous avez juste besoin de caractère.

La liberté doit être guidée
par la responsabilité.
C'est seulement alors que
nous pourrons créer une société saine.

15. Sonnet 41 - 43

41.

Je meurs tous les jours pour
que tes enfants puissent vivre.
Vous êtes égoïste depuis longtemps,
il est temps de donner.

Je lutte pour le monde,
le bien-être du monde est ma priorité.
Assez avec le tribalisme,
réveillez-vous avec l'humanité !

Je suis vraiment épuisé,
mais je n'abandonnerai pas.
Bâtissons un monde où
personne n'est étranger.

Je lutte chaque jour pour que
le monde soit libéré de la haine.
Rejoignez-moi si vous le souhaitez
pour créer une civilisation humaine.

42.

Savez-vous quel est le problème !

Nous remettons plus en question
l'amour que la haine.
Nous remettons plus en question
l'humilité que l'arrogance.

Nous remettons en question
la bonté plus que les préjugés.
Nous remettons en question
l'intégrité plus que la tromperie.

Nous remettons plus en question
la curiosité que la rigidité.
Nous remettons en question
le caractère plus que la lâcheté.

Le problème est que nous remettons plus
en question l'humanité que l'inhumanité.
Sortez d'une telle normalité préhistorique
et le monde rencontrera la civilité.

43.

La haine ne fait que voyager à travers le monde,
jusqu'à ce qu'une personne choisisse de briser le cycle.
La guerre ne fait que migrer d'une frontière à l'autre,
jusqu'à ce qu'une nation choisisse de briser le cycle.

Nos ancêtres nous ont légué la haine
en héritage, Comme de bons petits singes,
nous l'avons embrassée comme un honneur.
Jamais nous ne nous sommes arrêtés
un instant pour réfléchir : comment
un préjugé stupide en entraîne un autre !

Nous avons la capacité de conquérir
les étoiles, mais nous nous sommes
enchaînés au cimetière.
Sous couvert de patriotisme préhistorique,
les singes ont fait de la haine un paradigme.

Le paradigme de la haine appartient à
la poubelle – il est temps, le cycle se brise.
Bombardez le monde avec de la musique,
pizza et la poésie, pas Semtex, C4 et RDX !

16. Sonnet 44 - 46

44.

Quand l'amour s'éveillera, le monde aussi,
L'amour est la graine de la civilisation.
Quand l'amour s'éveillera, les conflits prendront fin,
L'amour est la porte d'entrée vers l'assimilation.

Prenez soin du monde comme une famille,
L'égoïsme est la cause des misères.
Quand l'âme reflète le monde entier,
Toute séparation deviendra une histoire.

Quand le souffle de l'un deviendra le souffle de tous,
Tous les murs atroces s'effondreront en poussière.
Quand il n'y aura plus de « mon peuple, ton peuple »,
alors seulement nous serons enfin humains.

Lorsque le feu de l'amour
engloutira toute notre existence,
le Temps témoignera du
soulèvement de l'humanité.

45.

Le monde naît lorsque l'individu naît.
L'individu naît lorsque la collectivité se réalise.
La collectivité se réalise lorsque l'égoïsme est effacé.
L'égoïsme s'efface lorsque l'amour est universalisé.

L'amour est universalisé lorsque la séparation est détruite.
La séparation est détruite lorsque la superstition est écrasée.
La superstition est écrasée quand la raison est nourrie.
La raison se nourrit lorsqu'une correction est souhaitée.

La correction est souhaitée lorsque l'ignorance est reconnue.
L'ignorance est reconnue lorsque l'arrogance est abolie.
L'arrogance est abolie lorsque l'humilité est encouragée.
L'humilité est encouragée lorsque la simplicité est habitude.

La simplicité est une habitude lorsque la conscience s'éveille.
La conscience s'éveille lorsque l'expansion s'éveille.

46.

Voulez-vous connaître le caractère des gens ?
Promenez-vous avec des vêtements miteux.
Voulez-vous savoir qui est sage, qui est égoïste ?
Faites semblant d'être le plus stupide de la pièce.

N'essayez jamais d'impressionner les gens,
Plus vous essayez, plus ils perdent tout intérêt.
Nourrissez plutôt votre chaleur et votre gentillesse,
de vraies personnes gentilles apparaîtront
naturellement.

Mais souviens-toi d'une petite chose,
Le calcul est la ruine de la vie.
Des calculs sont parfois nécessaires,
Mais la gentillesse est la mesure de la vie.

47.

Qui nous rend primitifs : la nature.
Qui nous maintient primitifs – nous-mêmes.
Qui nous rend ignorants – la nature.
Qui nous maintient dans l'ignorance – nous-mêmes.

Qui nous rend tribaux : la nature.
Qui nous maintient tribaux – nous-mêmes.
Qui nous rend stéréotypés : la nature.
Qui nous maintient stéréotypés – nous-mêmes.

Qui nous rend intolérants – la nature.
Qui nous maintient intolérants – nous-mêmes.
Qui nous rend sauvage – la nature.
Qui nous rend sauvages – nous-mêmes.

La nature dicte encore une grande
partie de notre comportement animal.
Mais elle nous a aussi donné la capacité
humaine de refuser d'être animal.

48.

L'âge ne rend pas sage,
c'est la curiosité qui le fait.
L'intellect ne rend pas curieux,
la croissance oui.

Ce n'est pas l'expérience qui fait grandir,
c'est l'expansion qui fait.
Le voyage n'élargit pas l'esprit,
mais l'autocorrection.

Le cynisme n'aide pas à la correction,
mais la conscience oui.
Ce ne sont pas les livres qui sensibilisent,
mais la responsabilité, oui.

La loi ne peut pas vous rendre
responsable, c'est l'humanité qui le fait.
L'apparence ne fait pas de vous un
être humain, c'est l'acceptation qui le fait.

Les vêtements ne définissent
pas le caractère, la conduite oui.
Les étiquettes ne définissent
pas la conduite, la bonté oui.

La bonté est la mère de tout comportement civilisé.
Sans la bonté, toute intelligence est un désastre.

49.

Je n'écris pas pour chouchouter votre ego,
je n'écris pas pour vous réconforter.
Je n'écris pas pour vous apprendre l'amour-propre,
j'écris pour détruire toute pensée égoïste.

Je n'écris pas pour inspirer votre fierté,
je n'écris pas pour choyer votre insécurité.
Je n'écris pas pour divertir la superficialité,
j'écris seulement pour abolir l'égocentrisme.

Je n'écris pas pour chatouiller les insta-esclaves,
je n'écris pas pour colporter de fausses perfections.
Je n'écris pas pour lécher les bottes des privilégiés,
j'écris pour faire des soldats de l'auto-anéantissement.

Toutes mes idées naissent dans les rues de la société.
C'est là que j'ai appris, toute souffrance naît de l'avidité.

18. Sonnet 50 - 52

50.

Sans responsabilité, il n'y a pas de civilisation,
La responsabilité distingue l'humain de l'animal.
Sans intégrité, il n'y a pas de civilisation,
L'intégrité distingue l'humain du végétal.

Sans sainteté, il n'y a pas de civilisation,
La sainteté distingue la raison de la sauvagerie.
Sans affection, il n'y a pas de civilisation,
L'affection distingue l'humanité de la machinerie.

Sans conscience, il n'y a pas de civilisation,
La conscience distingue l'ordre du bouleversement.
Sans caractère, il n'y a pas de civilisation,
Le caractère distingue la vie de la survie.

La vie humaine est le germe de la civilisation.
La vie humaine commence à la fin de la division.

51.

Oublions la sécurité et le confort,
dans notre quête d'humanité.
Oublions le bonheur personnel,
dans nos efforts vers l'impossible.

Laissons de côté toute peur et toute anxiété,
pour le rêve qui déterminera notre destin.
Abandonnons tout désir de luxe et abordons
le difficile problème de l'inhumanité.

Ne prêtons pas attention au gain
et à la douleur dans notre chemin vers
la construction d'une société civilisée.
Ne restons pas assis à prier pour un messie,
Levez-vous et soyez le messie de votre époque !

Laissez les autres oublier leur
humanité s'ils le souhaitent.
Même si c'est la fin du monde,
plantons le jeune arbre du service.

52.

La rigidité au nom de la religion
remplira ce monde de larmes et de peur.
Les préjugés au nom de la tradition
transformeront cette terre en cimetière.

Les doctrines sont la vérité pour les insensés,
les livres saints sont la vie pour les impies.
Les opinions sur les cadavres n'ont pas d'importance,
L'amour est le seul signe de la divinité.

Ce n'est pas grave si nous perdons notre religion,
mais nous ne devons pas perdre notre humanité.
Mettons fin à toute allégeance sectaire,
Levons-nous en amants indivis.

La vie est l'antithèse de la rigidité.
Avançons avec raison et amitié.

19. Sonnet 53 - 55

53.

Culte des Chaînes (Le Sonnet)

Assez du culte des chaînes !
Assez de célébrer l'égoïsme !
Assez du culte de la division !
Assez de célébration des cadavres !

Renonçons à tous les dieux et idoles sectaires,
Commençons un nouveau culte de l'amour et liberté.
Soyons prophètes et messagers de l'harmonie,
Soyons désintégrés au service de l'inclusivité.

Abattons toutes les portes des prisons,
Brûlons les serrures avec les flammes du cœur.
Faisons appel à la vigueur éternelle de l'intérieur,
Passons au bulldozer tous les murs du cœur.

Dessinons une noble anatomie de la civilisation,
Nous sommes les pierres angulaires de l'ascension.

54.

Ma Liberté (Le Sonnet)

Ma liberté n'est pas dans le luxe,
Ma liberté est sur les brins d'herbe.
Ma liberté n'est pas dans le palais,
mais dans la poussière et le sol.

Ma liberté n'est pas dans les cérémonies,
mais dans les ruelles des sans-abri.
Ma liberté n'est pas dans la richesse,
Ma liberté est aux pieds des impuissants.

Ma liberté n'est pas dans une tradition
de rigidité, mais au-delà de tout tel esclavage.
Ma liberté ne réside pas dans les habitudes
de l'histoire, mais dans la construction du présent.

Dans la destruction du destin primitif réside ma liberté.
Je suis la liberté incarnée et j'écris ma propre réalité.

55.

En me louant,
je ne fais que m'insulter.
En me faisant plaisir,
je m'attire le malheur.

Plus vous donnez la vie,
Plus vous aurez la vie.
Plus vous donnez de lumière,
plus vous aurez de lumière.

Rejetez tout égoïsme qui
vous rend froid et aveugle.
Le sacrifice est la loi derrière
tout amour et toute lumière.

20. Sonnet 56 - 58

56.

Il n'y a pas d'amour sans larmes,
Il n'y a pas de diversité sans différences.
Il n'y a pas de révolution sans diffamation,
Il n'y a pas de justice sans inconvénient.

Il n'y a pas de développement sans défauts,
Il n'y a pas de dignité sans insulte.
Il n'y a pas d'apprentissage sans échec,
Il n'y a pas de cœur sans chagrin.

Il n'y a pas de chemin sans épines,
Il n'y a pas de piéton sans lassitude.
Il n'y a pas de rêve sans difficultés,
Il n'y a pas de détermination sans doutes.

Seuls ceux qui ont ressenti une douleur atroce
peuvent aider les autres sans aucun gain.

57.

La paix n'est pas une déclaration,
la paix est l'existence.
L'amour n'est pas un sentiment,
l'amour est sensibilité.

La conscience n'est pas une pratique,
la conscience est l'absolution.
La modération n'est pas restriction,
la modération est rajeunissement.

L'ignorance n'est pas une infériorité,
l'ignorance est une connaissance en devenir.
L'échec n'est pas la fin du chemin,
l'échec est le chemin du développement.

58.

Médecine Sonnet

MEDICINA significa Misericordia,
MEDICINA significa Ética,
MEDICINA significa Determinación,
MEDICINA significa Integridad,
MEDICINA significa Cuidado,
MEDICINA significa Ingenio.
MEDICINA significa Nobleza,
MEDICINA significa Empatía.
La médecine n'est pas un métier,
La médecine est une vocation sacrée.
Un médecin moyen sauve un corps,
Un bon médecin sauve une vie.
Une vie sauvée est une famille sauvée,
Une famille sauvée est le monde sauvé.

21. Sonnet 59 - 61

59.

La diversité n'est pas un gadget,
La diversité n'est pas une croyance.
La diversité est la vie elle-même,
La diversité est conscience.

La diversité est la raison,
La diversité est le bonheur.
La diversité est la mousson,
après une terrible sécheresse.

Il n'y a pas d'humanité
s'il n'y a pas de diversité.
Nous ne sommes pas humains
sans inclusivité.

La diversité est un fait de la vie,
L'inclusivité est une célébration de la vie.

60.

Il n'y a pas de vie sans lutte,
Il n'y a pas de cœur sans chagrin.
Il n'y a pas de destination sans le voyage,
Il n'y a pas de courage sans un peu d'effroi.

Il n'y a pas de clarté sans une certaine confusion,
Il n'y a pas de sérénité sans souffrance.
Il n'y a pas de contentement sans déception,
Sans défaite, il n'y a pas de résilience.

Il n'y a pas de croissance sans inconfort,
Sans dévastation, il y a un soulèvement.
Il n'y a pas de connaissance sans ignorance,
Il n'y a pas de salut sans auto-anéantissement.

61.

La vie est la seule religion de la vie,
La vie est la seule philosophie de la vie.
Les livres font partie de la croissance,
mais aucun livre n'est un manuel de vie.

N'acceptez aucun livre comme manuel de vie,
Ne croyez personne en votre autorité.
Ni moi, ni aucun autre personnage,
ne sommes l'étoile polaire de votre sénilité.

Tout le pouvoir est dans vos veines,
vous n'avez pas besoin d'électricité d'occasion.
Générez votre propre courant électrique
et illuminez votre partie de la civilisation.

Il est temps de mettre fin à
tous les mensonges de l'autoritarisme,
Faisons le pas audacieux de la foi vivante
au-delà du divisionnisme.

22. Sonnet 62 - 64

62.

La paix est un acte de cessez-le-feu,
La paix est un acte de désarmement.
Si vous ne comprenez pas ce simple fait,
vous avez besoin de leçons de bon sens.

La bière n'est pas du courage,
Des armes, pas de la galanterie,
Jetez vos bazookas au musée,
Sentez les roses avec du café.

Abandonnez vos Écritures, pratiquez un sport -
vous en apprendrez davantage
sur l'honneur et la camaraderie.
Abandonnez la constitution, commencez à jardiner -
vous apprendrez à préserver la vie et la liberté.

Le nationalisme est la plus grande menace à la paix.
Le fondamentalisme est la plus grande menace à
l'harmonie.

63.

Je n'écris pas sur le multiculturalisme,
je suis l'esprit du multiculturalisme.
Le seul nationalisme qui m'importe est
le multinationalisme qui met fin au tribalisme.

Je n'en peux plus - je ne peux pas !
Une seule langue limitée ne suffit plus !
Je dois être l'Himalaya dans toutes les langues,
Je dois être l'Himalaya dans toutes les cultures.

Soit vous me connaîtrez comme un héros national de
chaque nation, soit vous ne me connaîtrez pas du tout.
Tant qu'un seul humain me traitera d'étranger,
j'en conclurai que je n'ai rien accompli du tout.

64.

Le français est ma deuxième langue,
ma première langue est l'amour.
Les neurosciences sont mon deuxième sens,
mon premier sens est l'amour.

La théologie est ma deuxième foi,
ma première foi est l'intégration.
La philosophie est ma seconde nature,
Ma première nature est l'assimilation.

L'analogique est ma deuxième passion,
ma première passion est le dialogue.
Le droit est ma deuxième tâche,
ma première tâche est d'humaniser le monde.

Toutes les identités sont secondaires,
notre identité native est humaine.
Toutes les traditions sont secondaires,
la tradition native de la Terre est la compassion.

23. Sonnet 65 - 67

65.

Quand le cerveau s'arrête,
Quand le cœur s'arrête,
Que reste-t-il de toi ?

Quand les yeux échouent,
Quand la mémoire échoue,
Que reste-t-il de toi ?

Quand ta dernière molécule
aura fusionné avec la nature,
Que reste-t-il de toi ?

C'est ce que tu as réellement accompli,
Testament à la lumière de toi.

66.

J'appelle ça de la curiosité,
Vous appelez ça de la science.
J'appelle ça l'intégrité,
Vous appelez ça une rébellion.

J'appelle ça la contemplation,
Vous appelez ça de la philosophie.
J'appelle cela la responsabilité,
Vous appelez cela la sociologie.

J'appelle cela une correction,
Vous appelez cela une révolution.
J'appelle cela l'existence,
Vous appelez cela l'inclusion.

Tout ce que je vois, c'est que
les humains se réveillent enfin à la vie.
Vous, avec votre pompe intellectuelle,
le philosophez comme DEI.

67.

Khalsa n'est pas Khalistan
(Le Sonnet)

Khalsa signifie être libre de la haine,
Khalistan signifie nationaliser la haine.
Le Christ représente l'amour et la lumière,
Le nationalisme chrétien est tout sauf chrétien.

Sanatana Dharma est l'advaita sanskriti,
une culture de non-sectarisme,
Hindutva signifie safranisation insensée.
L'Islam signifie paix et bien-être,
L'islamisme est la ruine de l'harmonie.

L'intolérance est une pandémie
mondiale, seules les terminologies
varient d'une culture à l'autre.
Le vaccin contre la haine la plus féroce
est la douce lumière d'un cœur indivis.

24. Sonnet 68 - 70

68.

Les mots sont mon plaisir,
Les mots sont ma vie.
Les mots sont mon cadeau pour toi,
utilise-les pour apporter la lumière.

Les mots gentils ne nous coûtent rien,
les mots cruels nous coûteront tous.
La foi dans les gens ne nous coûte rien,
la méfiance systémique nous tuera tous.

Tu es la somme de toute la science,
Tu es la vie de toute poésie.
Tu es la fin de l'animosité,
Tu es la réponse au complot.

Mes racines sont ancrées dans l'humanité
et non dans une culture ou une nation.
Le Cosmos parcourt mes corpuscules,
Ma vie est un appel à l'expansion.

69.

La religion sans unité est boiteuse,
La science sans responsabilité est une honte.
La philosophie sans douceur est vaine,
La vision sans vertu est insensée.

Le monde a besoin d'un amour
qui transcende le corps.
Le monde a besoin d'une vérité
qui transcende les croyances.

Le monde a besoin d'un honneur
qui transcende la richesse.
Le monde a besoin d'un ordre
qui transcende la police.

Vous êtes le miracle que
vous cherchez dans l'église,
Vous êtes l'évangile que
vous cherchez dans la Bible.
Vous êtes la raison de la civilisation,
Vous êtes la route pour sortir de la jungle.

70.

Je suis le monde que je veux construire,
Je suis l'humain que je veux inspirer.
Je suis l'esprit que je veux comme voisin,
Je ne suis qu'un aperçu de l'avenir.

Mon drapeau est le drapeau du monde,
Ma nation est une nation mondiale.
Appelez-moi poète, scientifique ou humanitaire,
Naskar est l'esprit de l'intégration mondiale.

Je suis un être humain civilisé,
Je n'ai pas besoin d'impressionner
les gouvernements.
Je suis un être avec du cœur,
un cerveau et une colonne vertébrale,
Je suis la force apatride de l'élévation du monde.

25. Sonnet 71 - 73

71.

Pour traiter une maladie,
il faut une licence médicale,
Pour traiter l'injustice,
il suffit d'être humain.

Pour piloter un avion,
il faut une licence de pilote,
Pour élever la société,
il suffit d'être humain.

Pour construire un vaisseau spatial,
la science des fusées est nécessaire,
Pour construire une société,
il suffit d'être humain.

Pour pratiquer le droit, il faut
réussir l'examen du barreau,
Pour pratiquer l'humanité,
il suffit d'être humain.

72.

Tant qu'il y aura de l'égoïsme,
tout Noël ne sera que mensonge.
Tant qu'il y aura occupation,
Hanoukka ne sera que mensonge.

Tant qu'il y aura de la cruauté,
tout le Ramadan ne sera que mensonge.
Tant qu'il y aura un athéisme militant,
tout humanisme sera mensonge.

Tant qu'il y aura de la superstition,
tout Diwali ne sera que mensonge.
Tant qu'il y aura division,
tout le Vaisakhi ne sera que mensonge.

Tant qu'il y aura des inégalités,
toute liberté sera un mensonge.
Tant qu'il y aura de la haine,
la civilisation sera un mensonge.

73.

Plus l'esprit est fort,
plus l'esprit est doux.
Plus l'esprit est courageux,
plus l'esprit est gentil.

La gentillesse est la poésie du cosmos,
la gentillesse est la constitution suprême.
Brisant toute rationalité comateuse,
l'Amour amène la conscience suprême.

L'amour n'est pas un safari dans
la jungle, d'une chasse à l'autre.
L'amour est un appel sacré
à se perdre dans l'autre.

Le monde fourmille de serpents,
Dans ton âme brasse l'antidote.
Éliminez vos doutes, brûlez votre peur,
Un regard doux assainit le cosmos.

26. Sonnet 74 - 76

74.

La nation Naskar est nation mondiale,
La culture Naskar est l'intégration.
La planète Naskar est sans frontières,
Le paradigme Naskar est l'indivision.

Je suis trop vivant pour être lié par une idéologie,
Je suis trop humain pour être lié par une frontière.
Trop civilisé pour prêter allégeance flagrante,
Je suis le transfuge géopolitique ultime.

Ne prêtez allégeance à aucune étiquette,
Soyez absolument et sans équivoque indivis.
Dépassez même le concept de non-dualité,
afin de devenir sans équivoque entier.

Devenez si grand avec vos idées
que vous devenez une menace pour
tous les États nationalistes du monde.
Devenez si grand avec l'inclusivité
que vous devenez une malédiction pour toutes
les institutions fondamentalistes du monde.

75.

Je ne m'incline pas devant la vérité,
La vérité est mon jouet.
Je ne m'incline pas devant la science,
La science est mon jouet.

Je ne m'incline pas devant la loi,
La loi est mon esclave.
Je ne m'incline pas devant la richesse,
Toute richesse finit en cendres.

Je ne m'incline devant aucune constitution,
J'écris des constitutions dans mon sommeil.
Aucune écriture sainte n'est mon autorité,
Je suis la source de toute sainteté.

Je suis l'amour vivant,
Je m'incline seulement devant l'amour.
Les faits, la foi, la loi, tous secondaires,
La seule vérité du cosmos est l'amour.

76.

Le monde entier est une église et une mosquée,
Aider les impuissants est une divinité pratique.
Au-delà de tout crucifix et calcul,
l'Amour est la seule éducation cosmique.

La diversité est un acte de la nature,
L'inclusion est un acte d'esprit.
La diversité est la présence de la lumière,
L'inclusion est la célébration de la lumière.

L'inclusion est l'illumination,
La ségrégation est une dégénérescence.
Les préjugés sont une impiété totale,
quel que soit l'endoctrinement.

La laïcité n'est pas un rejet de la religion,
c'est une inoculation contre le fondamentalisme.
Par-dessus tout, les humains sont vrais,
La seule divinité que je connais est l'humanité.

27. Sonnet 77 - 79

77.

Sapiens est la sainte réponse
à l'appel du clairon de la vie,
Le vrai sapiens est un saint sapiens,
tout le reste est une profanation de la vie.

Je suis l'empereur du temps et de l'espace,
Je suis l'épine dorsale de l'univers humain.
Avec mes mains je sculpte la civilisation,
Je suis la conscience absolue – je suis humain.

Ne confondez pas progrès et élévation,
Ne confondez pas contacts et connexion.
Ne confondez pas commodité et avancement,
Ne confondez pas connaissance et éducation.

L'esprit commence à la fin des chaînes,
La vie commence à la fin de la secte.
Cent pèlerinages ne vous sanctifieront pas,
Si jamais votre cœur est froid et mort.

78.

Nous sommes les rivières,
Nous sommes la confluence.
Nous sommes le zénith,
Nous sommes les montagnes.

Nous sommes le grimpeur,
Nous sommes la montée.
Nous sommes l'horloge,
Nous sommes le moment.

Nous sommes le moment,
Nous sommes la mémoire.
Nous sommes la sainteté,
Nous sommes les prophètes.

Nous sommes le Dieu,
Nous sommes les gobelins.
Au milieu de folies fanatiques,
nous sommes l'éclair divin.

79.

C'est normal de ne pas aller
bien, cela signifie que votre
esprit essaie de se guérir.
Tôt ou tard, la pluie s'arrête
et le soleil se lève à nouveau.

En évitant le chagrin, vous ne
trouverez pas le bonheur,
le chemin du bonheur
passe par le chagrin.

La vie est comme le cycle lunaire,
parfois elle brille pleinement,
parfois elle brille à moitié,
d'autres fois elle est totalement sombre.

L'imprévisibilité de la vie
est ce qui la rend prévisible.
Parfois, il pleut de toutes parts,
et l'instant d'après,
le soleil est inévitable.

28. Sonnet 80 - 82

80.

Plus qu'être l'étincelle de la raison,
Soyez la raison de l'étincelle de quelqu'un.
Mieux que de porter la lumière de la foi,
Inculquer la foi dans la lumière de quelqu'un.

En disant que votre religion
est la seule bonne religion,
vous ne faites que prouver que
votre religion est la mauvaise.

Chaque religion est une vraie
religion, ou aucune ne l'est.
Chaque culture est une vraie
culture, ou aucune ne l'est.

La religion comme excuse pour
la séparation est toujours fausse,
tant que vous ne transcendez pas
la religion, toute foi est une illusion.

81.

La foi est censée renforcer
notre humanité, et non la miner.
L'intellect est censé renforcer
notre humanité, pas la miner.

La culture est censée valoriser
notre humanité, et non la miner.
La nationalité est censée renforcer
notre humanité, et non la miner.

Dans cinq cents ans, personne
ne se souviendra de votre religion,
ils ne se souviendront que de votre humanité.

Dans cinq cents ans, personne
ne se souciera de votre nationalité,
ils ne se souviendront que de votre humanité.

82.

Le temps est une illusion nécessaire,
forgée à partir du tissu de la mémoire,
destinée à ajouter de la cohérence à la vie,
afin que vous soyez conscient de votre devoir.

Le corps ne peut pas survivre dans le vide de l'espace,
l'esprit ne peut pas survivre dans le vide du temps.
Le cerveau ne peut pas survivre dans le vide du crâne,
Il flotte donc dans le fluide de la colonne vertébrale.

La mémoire fait le passé, la mémoire fait l'avenir,
La mémoire est le fondement de tous les temps.
Le temps physique n'a pas d'importance pour l'esprit,
L'esprit crée son propre domaine de temporalité.

Le temps est un mythe qui nous aide à survivre.
Maîtrisez le mythe, ô divin soldat -
Le temps et la marée naissent à l'intérieur !

29. Sonnet 83 - 85

83.

Jetez toute stupidité du QI et de l'EQ,
Ils sont une tache sur l'honneur de l'esprit.
Quantifier l'intelligence est stupide,
Quantifier l'émotion est encore plus stupide.

Lorsque la faible psyché cherche à réconforter,
elle a envie de réconfort dans les bêtises.
Il recoure d'abord le surnaturel,
puis il recoure la pseudoscience.

Le QI n'est pas une mesure de l'intelligence,
l'EQ n'est pas non plus une mesure d'émotion.
Mais l'obsession du QI et de l'EQ est le symptôme
d'un caractère peu profond et faible.

Ce n'est pas une marque de progrès mental
que de remplacer une bulle surnaturelle
par une bulle pseudo-scientifique.

Peu importe la manière dont ils essaient
de vous vendre la sécurité, sachez que
le potentiel humain n'est pas quantifiable.

84.

La science est mon ode à la société,
La science est ma sérénade à la société.
La science est le chemin de la société,
La science est mon aide à la société.

La science est ma poésie,
La science est la philosophie.
La science est mon thriller,
La science est l'amour de ma vie.

La science n'est pas
l'amour de la connaissance,
la science est l'amour
de la lumière de la connaissance.
La lumière du savoir
ne permet pas l'inhumanité,
Même si elle est colportée
dans l'intérêt du savoir.

La science est amour, la science est lumière,
La science est le flambeau du monde la nuit.
Parfois ennuyeuse, parfois audacieuse,
La science est la folle amante de la vie.

85.

La sérénité naît de la simplicité,
L'insécurité naît de la complexité.
La patience amène la persévérance,
L'égoïsme entraîne le désastre.

Vous n'avez pas besoin d'une raison
pour aimer, car l'amour est la raison.
Vous n'avez pas besoin d'une saison
pour aimer, car l'amour est la saison.

C'est dans la nature humaine de verser
des larmes lorsqu'elle est à l'agonie.
Prendre la douleur pour essuyer
les larmes d'autrui, c'est l'humanité.

Le seul remède à la cruauté chronique
est la gentillesse chronique.

30. Sonnet 86 - 88

ABHIJIT NASKAR

86.

Dans certains cercles,
on me considère comme un génie,
Pourtant, le seul génie que
je connaisse est le service.

Dans d'autres cercles,
on me traite de fraude,
Pourtant, la seule fraude que
je connaisse est le préjugé.

Je ne suis que cela –
cette vérité unique et incessante,
qui aspire à surmonter toutes
les erreurs fausses.

Je ne suis que cela –
cette lumière intacte,
brillante comme la preuve du
temps qui reste à se réaliser.

87.

Prenez ma Bible, Coran et Vedas,
prenez mon Origine des espèces.
Jetez-moi aux feux de l'enfer,
Ma vie sentira encore la rose.

Pour le singe en moi,
le temps est le mouvement de la peur.
Pour l'humain que je suis,
le temps est la marche de l'amour.

L'amour est le seul chemin,
tout le reste est inutile.
La douleur de l'amour
est une perle de l'amour,
tout le reste est vain et vil.

88.

La vérité n'est pas une mesure de la connaissance,
La vérité est la mesure de la correction.
La lumière n'est pas une mesure de l'éclairage,
La lumière est la mesure de l'intention.

La peur et l'éducation ne vont pas ensemble,
Là où il y a la peur, il n'y a pas d'apprentissage.
Civilisation et apathie ne vont pas ensemble,
Sans empathie, nous sommes juste de beaux sauvages.

La vie commence là où finit la mort,
La mort finit là où la peur s'estompe.
La peur s'estompe là où règne la vision,
La vision règne là où s'arrête l'apathie.

31. Sonnet 89 - 91

ABHIJIT NASKAR

89.

La religion qui n'apporte pas l'unité
n'est pas la religion, mais le péché originel.
La science qui n'élève pas la condition humaine
n'est pas une science mais une superstition.

La science et la connaissance
sont deux choses différentes -
La connaissance est une célébration
des faits, la science est une célébration
de la vie à l'aide de faits.

La divinité et l'adoration
sont deux choses différentes -
L'adoration est un acte d'auto-préservation,
la divinité est un acte d'auto-anéantissement
au service des autres.

Votre science ne vous rend pas bon,
Votre foi ne vous rend pas bon.
Votre bonté fait la science bonne,
Votre bonté rend la foi bonne.

90.

J'existe quand tu existes ;
Vous existez, donc j'existe.
L'existence partagée est la vraie existence,
L'existence de préjugés est une existence ruinée.

La personne est la maladie,
la personne est le traitement.
La personne vivante en acte d'amour,
est un onguent pour tout dérangement.

Vous devez dépasser votre
intellect et vos croyances
si vous voulez devenir guérisseur
et artisan de la paix.

Il n'y a pas une mais deux consciences,
une primitive et une autre civilisée.
La conscience animale prévient la mort,
La conscience humaine préserve la vie.

91.

Je suis le serment d'un monde divin,
Je suis la promesse d'une planète sacrée.
Ma piété n'est pas enracinée dans une routine morte,
Mais dans une fusion humaine de raison et de chaleur.

La lumière de l'inclusivité effacera les larmes,
Tout sort d'intolérance héréditaire se brisera.
Brisez le sommeil d'une froideur commode,
Brûlez la haine dans une mousson d'amour !

Tenez-vous intrépide comme la prophétie divine,
Ressuscité par la vue de la vie.
Vous êtes voyant, vous êtes chercheur.
Ne cherchez plus, car vous êtes la lumière.

32. Sonnet 92 - 94

92.

Les instincts d'aujourd'hui ont évolué
à partir de la vie dans la jungle d'hier,
Les instincts de demain naîtront
de la vie humaine d'aujourd'hui.

Se demander si vous avez la liberté
est le début de la liberté.
Se demander pourquoi vous avez la liberté,
c'est le début de la civilisation.

Si vous êtes trop occupé pour vous en soucier,
vous n'êtes pas occupé, vous êtes mort.
Si vous êtes trop occupé pour aider,
vous n'êtes pas occupé, vous êtes un singe.

93.

Si vous voulez croire,
ne demandez pas la connaissance.
Si vous voulez savoir,
ne cédez pas à la croyance.

La laïcité n'est pas l'absence de religion,
la laïcité est l'absence d'intolérance religieuse.
L'éducation n'est pas l'absence d'ignorance,
l'éducation est l'absence de rigidité.

La bonté est universelle,
les récipients peuvent varier.
Certains l'appellent eau,
d'autres agua, d'autres pani.

L'intégration des religions
est la plus grande religion.
L'intégration est le remède
à tout terrorisme.

94.

Quand un autre être souffre,
Seul le blasphème est indifférence.
Soit nous sommes un remède les uns
aux autres, soit nous sommes la maladie.

La vie humaine est précieuse,
Ne l'encombrez pas de mensonges.
Si vous voulez vraiment vivre,
vivez civilisé, pas comme un singe.

Vous êtes l'Évangile que vous devez lire,
Vous êtes le chemin que vous devez parcourir.
Vous êtes le flambeau que vous devez allumer,
vous êtes la voix dont vous avez besoin pour parler.

Soyez la preuve de l'intégration
contre toute prudence ancestrale.
Ceux qui colportent la division ont leur place
dans un sanatorium et non sur un piédestal.

33. Sonnet 95 - 97

95.

Si vous ne trouvez pas Dieu
dans les gens, votre Dieu est mort.
Si vous ne trouvez pas la sainteté
chez les gens, votre sainteté est fausse.

Si vous ne trouvez pas de vie en dehors
de l'Église, votre Église est morte.
Si vous ne trouvez pas de lumière au-delà
de l'autel, votre lumière est fausse.

Si vous ne pouvez pas trouver la vérité en dehors
de vos Écritures, vos Écritures sont un mensonge.
Si vous ne pouvez pas trouver la divinité en dehors
des doctrines, vos doctrines sont un mensonge.

96.

La rigidité alimente la contraction,
La contraction alimente la discrimination.
La rigidité facilite les préjugés,
Les préjugés facilitent la fragmentation.

La cupidité alimente l'inflation,
L'inflation entretient encore plus la cupidité.
La cupidité alimente les disparités,
Les disparités entretiennent encore plus la cupidité.

Ce n'est qu'en traitant la cupidité que nous
pourrons instaurer une justice économique durable.
Ce n'est qu'en traitant l'indifférence que nous
pourrons instaurer une justice sociale durable.

Ce n'est qu'en traitant les préjugés
que nous pourrons éliminer le sectarisme.
Ce n'est qu'en traitant de la distance
que nous pourrons éliminer la discrimination.

97.

L'intelligence sans conscience est un poison,
L'intelligence sans conscience est une calamité.
La vie sans les gens est une damnation,
L'humain sans l'humanité est une tragédie divine.

Avant d'être un intellectuel, soyez un humain,
Avant d'être croyant, soyez un humain.
Avant d'être rationaliste, soyez un humain,
Avant d'être une personne de foi, soyez un humain.

Il n'y a rien de plus inquiétant
qu'une lumière contrefaite,
Il n'y a rien de plus injuste
qu'une justice contrefaite.

Il n'y a rien de plus ignorant
qu'une connaissance contrefaite,
Il n'y a rien de plus non libre
qu'une liberté contrefaite.

34. Sonnet 98 – 100

98.

Il n'y a pas de plus grand échec
que le succès érigé sur l'inhumanité,
Il n'y a pas de plus grande tragédie
qu'un triomphe érigé sur la cruauté.

Les lâches rêvent d'une longue vie,
Les cœurs courageux veulent mourir dignement.
Un jour d'existence d'un cœur courageux
contient plus de vie que le siècle d'un lâche.

Sans discipline, vous n'accomplirez rien,
Sans conscience, vous n'êtes rien.
Sans vision, tout zèle est trompeur,
Sans conscience, toute existence est dégradante.

Le monde est programmé évolutivement pour
faciliter soit la lâcheté, soit la cruauté,
Mais vous avez tout le potentiel dans vos cellules
pour être la courageuse mutation de la magnanimité.

99.

Chaque cœur est un abri pour un autre,
Chaque vie est le sanctuaire d'une autre.
En renonçant à toutes les traditions de division,
nous deviendrons les défenseurs les uns des autres.

Le comportement est ma priorité,
La raison et la foi ne sont que des accessoires.
La raison et la foi ne viennent pas avec le cœur,
Votre cœur est la racine de toute mélodie.

L'expansion amène la responsabilité,
La responsabilité facilite l'expansion.
L'inclusion est un sous-produit de l'expansion,
Là où il y a expansion, il y a assimilation.

La révolution d'aujourd'hui est la civilisation de demain,
la responsabilité d'aujourd'hui est la réforme de demain.
La responsabilité d'aujourd'hui est la tradition de demain,
la mutation d'aujourd'hui est l'expansion de demain.

100.

Quand la culture est
un code de division,
il faut être un traître pour
parvenir à l'assimilation.

Lorsque les hagiographies
sont transmises en héritage,
être hérétique est
la première ligne de conduite.

Soyez hérétique pour la bonne raison,
pas simplement pour attirer l'attention.
Se rebeller sans raison n'est
qu'une autre forme de dégradation.

Jusqu'à ce que l'intégration devienne la vie,
la vie ne mènera qu'à la désintégration.
Jusqu'à ce que l'assimilation devienne existence,
l'existence ne provoquera que l'extinction.

219

www.ingramcontent.com/pod-product-compliance
Lightning Source LLC
Chambersburg PA
CBHW021142260726
48656CB00024B/1266